지은이 데즈카 아케미

1967년 일본에서 태어났습니다. 그래픽 디자인 회사에서 일하다가 1998년부터 일러스트레이터로 활동하고 있습니다. 일본아동출판미술가연맹 회원이며 지금까지 여러 책과 잡지에 그림을 그리고 글을 썼습니다. 우리나라에 소개된 책으로는 『우주여행 우리도 갈 수 있어!』『처음 만나는 날씨 그림책』『세계 지도 그림책』 등이 있습니다.

옮긴이 김지연

어린 시절부터 책은 가장 친한 친구였고, 자연스레 좋은 책을 만들고 싶다는 꿈을 꾸게 되었습니다. 지금은 그 꿈을 이루어 일본어로 된 어린이책을 아름다운 우리말로 옮기는 일을 하고 있습니다. 오늘도 어린이들에게 예쁜 꿈을 심어 줄 수 있기를 소망하면서 한 글자 한 글자 마음을 담아 번역하고 있답니다. 옮긴 책으로는 『처음 정리 생활』『넌 어떤 힘을 가지고 있니?』 『말하면 힘이 세지는 말』『우리 집 일기 예보』『오늘 넌 최고의 고양이』 등이 있습니다.

감수·추천 서울과학교사모임

학교에서 아이들을 가르치면서 연구와 소통의 필요성을 느끼던 교사들이 1986년부터 물리, 화학, 지구과학, 생물 교과 모임을 만들면서 과학교사모임이 시작되었습니다. 1991년부터는 각 교과 영역을 통합하여 전국과학교사모임을 운영하고 있습니다. 그중 서울과학교사모임은 서울·경기 지역 과학 교사들이 모여 교과 내용 재구성, 학습 방법 연구, 실험 및 학습 자료 개발 등을 합니다. 연구 결과물은 전국과학교사모임과 공유합니다. 쓴 책으로는 『묻고 답하는 과학 톡톡 카페』1, 2권과 『시크릿 스페이스』 『밑줄 쫙! 교과서 과학실험노트』 등이 있습니다.

CHIKYU NO MIENAI TOKORO WO NOZOITE MITARA
Copyright © 2016 by Akemi Tezuka
All rights reserved.
First original Japanese edition published by PHP Institute, Inc., Japan.
Korean translation rights arranged with PHP Institute, Inc.
through EntersKoreaCo.,Ltd.

이 책의 한국어판 저작권은 (주)엔터스코리아를 통해 저작권자와 독점 계약한 책속물고기에 있습니다.
저작권법에 의하여 한국 내에서 보호를 받는 저작물이므로 무단 전재와 무단 복제를 금합니다.

관|찰|하|는
자|연|과|학

지구의 보이지 않는 곳을 들여다보았더니

데즈카 아케미 지음 | 김지연 옮김 | 서울과학교사모임 감수·추천

책속물고기

지금 무엇이 보이나요?

아마 여러분은
눈앞에 펼쳐진 모습만 보겠지요.

한번 아래쪽을 내려다볼래요?

이번에는 고개를 들고
위쪽도 올려다보아요.

이제부터 보이지 않는 세상을
보여 줄게요. 출발!

짹짹, 짹짹!
이 나무로 새들이 날아드네요.
왜 그럴까요?

나무를 들여다보아요!

새들이 사는 새집이네요.

새 말고
또 무엇이 보이나요?

갖가지 동물들이
어울려 살고 있군요.

나무 한 그루가
한 마을처럼
보이지 않나요?

커다란 나무는 언덕에 우뚝 서 있어요.

언덕은 조용한데,

그 밑은 어떨까요?

땅을 들여다보아요!

식물들의 뿌리가
이리저리 뻗어 있네요.
땅속에 사는 동물들이 많아서
시끌벅적해요.

나무줄기보다 4배에서 10배나 긴 뿌리도 있어요.

동물들은 제힘으로 굴을 파서 보금자리를 만들어요.
굴을 파는 동물들 덕분에 흙 속으로 공기가 드나들 수 있지요.

씨앗들은 땅속에서 싹이 나기를 기다려요.

겉흙(표토)

식물이 싹을 틔우고, 뿌리를 내리는 흙이에요.
여기에서 동물들도 살고 있지요.

속흙(심토)

점토처럼 고운 흙이에요.

겉흙과 속흙 아래에는
작은 돌들이 있고
아래로 갈수록 큰 돌들이 있어요.

※ 여기에서 소개하는 땅속은 14~15쪽에 나오는 지각의 맨 윗부분이에요.

더 넓은 땅을 더 깊이 들여다보아요!

화산 분화구(땅속 마그마가 용암이나 화산 가스를 땅 위로 쏟아내는 구멍이에요.)

땅속은 끊임없이 움직이고 있어요.

지각(지구 바깥쪽에 있는 땅이에요.)

마그마(위쪽 맨틀에 있는 암석이 녹아서 만들어졌어요.)

위쪽 맨틀(뜨거운 암석으로 이루어져 있어요.)

아래쪽 맨틀(엄청나게 뜨거운 암석으로 이루어져 있어요.)

바깥쪽 핵(금속이 액체처럼 녹아 있어요.)

안쪽 핵(단단한 쇠공처럼 생겼어요.)

여기는 에베레스트산, 세계에서 가장 높은 산이에요.

산꼭대기에서 조개 화석이 발견되었어요. 아주 먼 옛날에 여기가 바다였다는 증거지요. 에베레스트산은 지금도 점점 높아지고 있대요!

이번에는 바다에 왔어요.
끝없이 이어지는 바닷속은
어떻게 생겼을까요?

바닷속에도 화산이 있어요!

바닷속 화산이 터져서 바다 위까지 커지면 새로운 섬이 생기기도 해요.

바다 밑 땅속 마그마

얼음이 둥둥 떠다니는

차가운 바닷속도 궁금하지 않나요?

남극 바다를 들여다보아요!

어마어마하게 큰 빙산이 숨어 있었네요!

바다 위에 보이는 빙산은
일부분일 뿐이에요.

높이가 100미터나 되는 빙산이
바다에 떠 있기도 해요.

남극 빙산은
물이 얼어붙은 게 아니에요.
수천 년 동안 눈이 쌓이고 쌓여서
얼음덩어리가 된 거예요.
그래서 빙산 속에는
옛날 옛적 눈이 쌓였던 때의
공기가 들어 있대요.

남극 바다에는 고래보다 더 큰 오징어도 살고 있네요!

앗! 갑자기 구름이 끼더니
빗방울이 뚝뚝 떨어져요.

구름을 들여다보아요!

구름에 가려서 눈에 보이지 않을 때도
태양은 언제나 자기 자리에 있네요.

구름 속에 무언가 숨어 있어요.
위쪽에는 얼음 알갱이,
아래쪽에는 물방울이 모여 있군요.
아래쪽에 있던 물방울이 떨어지면서 비가 되지요.

구름은 쉴 새 없이 흘러가고 모양이 바뀌어요.

그새 날이 저물었네요. 오늘도 밤하늘에 달이 떴어요.
마지막으로 달을 들여다보아요!

그거 아나요?
아무리 좋은 망원경으로 관찰해도
지구에서는 달 뒷면을 볼 수 없대요.

왜냐하면 달은 언제나
같은 면만 보여 주면서
지구 주위를 돌기 때문이지요.

달이 지구를 한 바퀴 돌려면 한 달쯤 걸려요.

달 표면은 우리가 보는 것처럼
매끈하지 않고 울퉁불퉁해요.

지구와 달은 1년에
약 4센티미터씩 멀어지고 있대요.

(우주선을 타고 달에 착륙하려면
달 앞면이 편할 거예요.
달 뒷면보다 평평한 곳이 많거든요.)

지구와 달은
서로를 잡아당기면서
영향을 주고받아요.
(달이 지구를 잡아당기는 힘 때문에
지구에서는 날마다
바닷물의 높이가 달라져요.)

지구를 들여다보았더니
세상이 다르게 보이지 않나요?

"눈에 보이는 것보다
보이지 않는 것이 훨씬 더 많아요!"

「+생각을더하는 그림책」은 우리 아이들이 넓고도 깊은 생각을 할 수 있도록 국내외 좋은 그림책들을 모아서 구성한 그림책 시리즈입니다.

관찰하는 자연과학
지구의 보이지 않는 곳을 들여다보았더니

초판 1쇄 2020년 4월 1일 ㅣ 초판 2쇄 2021년 5월 30일

지은이 데즈카 아케미 ㅣ 옮긴이 김지연 ㅣ 감수·추천 서울과학교사모임
펴낸이 김찬영 ㅣ 펴낸곳 책속물고기
출판등록 제2021-000002호 ㅣ 주소 서울특별시 영등포구 양평로 157, 1112호
전화 02-322-9239(영업) 02-322-9240(편집) ㅣ 팩스 02-322-9243 ㅣ 전자메일 bookinfish@naver.com

ISBN 979-11-6327-053-9 77400

이 도서의 국립중앙도서관 출판예정도서목록(CIP)은 서지정보유통지원시스템 홈페이지(http://seoji.nl.go.kr)와
국가자료공동목록시스템(http://www.nl.go.kr/kolisnet)에서 이용하실 수 있습니다.(CIP제어번호: CIP2020006581)

※ 이 책의 내용을 쓰고자 할 때는 저작권자와 출판사 양측의 허락을 받아야 합니다.
※ 잘못된 책은 바꾸어 드립니다.
※ 값은 뒤표지에 있습니다.

품명 아동 그림책　**사용연령** 7세 이상
주의사항 종이에 베이거나 긁히지 않도록 조심하세요.
책 모서리가 날카로우니 던지거나 떨어뜨리지 마세요.
KC마크는 이 제품이 공통안전기준에 적합하였음을
의미합니다.